0円集客で売上1億円

ぶっちぎりで成功したいひとり起業家の教科書

とみたつづみ

みらい PUBLISHING

「もうどうやって売上を上げたらいいか全然わからないんです」

今日もこんな相談が届きます。

数年前までは、私もこんな相談をする側にいました。

そんな私が、いつも決まって最初に送るメッセージ、

それは……

「大丈夫！　まずはじっくり、お話を聞かせてください」

今日も好きな仕事で、たくさんのお客さまに囲まれながら、
売上・利益を伸ばしている受講生さんたちの
生き生きとビジネスする
活気にあふれた声が聞こえてきます♡

はじめまして

こんにちは、とみたつづみです。

私は、売上コミットコンサルタントとして、好きなことをビジネスにして、夢を実現したいと、日々奮闘している人たちに、売上・利益アップのノウハウ、マインド、マーケティングなどを教える、売上コミットアカデミーの主宰・運営をしています。

２０１１年に起業し、３年間の個人事業主時代を経て、今は、株式会社つづみプロジェクトの代表取締役社長を務めて６年目になりました。

最初は、大した売上もありませんでしたが、おかげさまで、売上・利益も順調に伸び続け、ブログやSNSを使って、ひとり起業・ひとりビジネスでも、1年間で7000万円以上、粗利益90%以上のビジネスモデルを作ることができました。

それを私がやってできただけでなく、私のクライアントさんである売上コミットアカデミーの多くの受講生の方たちにも、結果を出すことができる、再現性のあるやり方、在り方を教えています。

こんな風に書くと、私がとてもすごい人に感じたり、特別なことをしたに違いない!

なんて思われる人もいらっしゃるかもしれませんね。

でも、ご安心を(笑)。

すごい人どころか、すごいダメな人だった私が、今に至るまでのストーリーや、好きなことをビジネスにして夢を叶えてきた、売上コミットアカデミーの受講生さんたちの話を交えながら、あなたが好きなことをビジネスにして、夢を叶えるためのヒントになればと、この本を書かせていただくことになりました。

さあ！
あなたが好きなことをビジネスに、夢を叶えるための扉が、この瞬間から開きます！

CONTENTS

第2章

ビジネスで結果を出すために一番いい方法 35

第3章

売上アップにとっても重要な設計図　77

第4章

第1章

好きなことをビジネスにして、夢を叶えるための第一歩を踏み出そう

好きなことを仕事にするなんて、
そんなの特別な人しかできないに決まってる！

そんな風に思っていた私が、その時とは違う世界にいるのは、
間違いなく、あの時の一歩があったから。

好きなことを仕事にできなくても、
何も悪いことはないし、
それでも幸せは感じることはできるし、
どんな世界でも、平和で、健康で、
それなりに楽しく生きられたら、それでいいじゃない？

それも事実。

それでも叶えたい夢があるなら、
一歩を踏み出してみるのも面白い。
きっと今見えない世界が見えてくる。

あの時、不安の塊を抱えながら、
一歩を踏み出したこと、
いつまでも忘れることはないと思うんです。

人生のターニングポイントは、どこにあるかわからない

私がどれだけ、ダメな人生を歩んできたかってことは、私の周りにいる、古いお友達は知ってくれていて、私が本を出版することになった話をしたら、真っ先に、自叙伝的なものを書くようにと、アドバイスをしてくれました（笑）。

「絶対面白い」と。

でも、ただそんな話だけでは、誰も興味がないと思うので、もっと人の役に立つようなものを書きたいなと思い、今この本を書いています。ともあれ、私がなぜこの本を書くことになったのか、私がどんな人で、どんなことをしてきて、何を伝えたいのかってことは、とっても重要だよね！　ということで、ちょっとだけ、私のストーリーをご紹介させていただこうかなと思います。

小さいころから、よく食べる子どもで、とにかく食べることが大好き。今この本も、お菓子とアイスクリームを食べまくりながら、書いています（笑）。

しょっぱいのと、甘いのと、もうエンドレス！

食べることが大好きだったのに、高校2年生の時、摂食障害になってしまったことで、不登校に。その後、15年間苦しむことになります。

摂食障害とは、うまく食べることができない病気で、拒食症とか、過食症という表現もされるように、拒食や過食といった症状があります。食べることがうまくできなくなる病気ですが、実は心の病気。体は健康だけれど、食べることがうまくできないことで、命の危険もあるような、死と隣り合わせの病気でもあります。

今でこそ、心も体も元気な私ですが、その頃は、心も体もズタボロ。できれば早く死にたい……そう思って生きていました。

こんな病気になってしまった私は、家族にも迷惑をかけ、生きていてはいけないいんじゃないか、生きている価値もない、この先、治るかどうかもわからない……。

だったらいっそのこと、死んでしまった方が、迷惑にもならないんじゃないか、そんな風に思っていました。それでも、信頼できるドクターや、お友達に恵まれて、生かされ、今があるわけです。

この話、なかなかヘビーで、この本でお伝えしたいことは、そういうことではないので、ここで割愛（笑）。

※詳しくは私のブログに書かせていただいています。
売上アップのコツや実例なども日々配信しているので、お読みいただければ嬉しいです。

月商１００万円達成する専門家とみたつづみのアメブロ
https://ameblo.jp/tsudumido
とみたつづみ　アメブロ　で検索！

売上アップのノウハウがいっぱい
売上アップの教科書
https://uriageup-book.com/
売上アップの教科書　とみたつづみ　で検索！

【とみたつづみのYouTube】
とみたつづみ　YouTube　で検索！
https://www.youtube.com/channel/
UCHuSELHgkrHSCQ-rDuDjbhw/featured

そんなこんなありながら、心も体も元気になった私が大好きになったのが、お料理です。だって、自分で作ったら、美味しいものを好きな時に好きなだけ食べられるじゃないですか（笑）。

食いしん坊万歳！！！

お友達が家に遊びに来てくれた時には、よく手料理を振る舞っていました。
ある時、お友達がこんな提案をしてくれました。

「お料理教えて。お料理教室をやってほしい！」
「いやいや私、お料理習ったことないんで無理」
「これだけ料理できるなら、絶対できるよ！」

そんなやり取りを何回かして、それでもなかなか1歩を踏み出せなかった私、コラッ！（笑）。　考えること数ヶ月、いや、1年くらいは経ったかな。せっかく求められているなら、やってみよう♪

急にそう思って、お料理教室を開くことを決意した、その瞬間こそ、1つ目のターニングポイントだと、今改めて思うんです。

お料理教室を開くことになった私ですが、この時はまだ、起業することなんて、1ミリも考えていませんでした。それどころか、早く結婚して、働かなくてもいい専業主婦になりたい♡　そんな目論見《もくろみ》があったことを鮮明に覚えています。

それでも面白いことに、私の人生は、起業へと進み始めていきました。

余談ですが、私の知人にすごい能力の方がいて、見えないものがいろいろと見える人なんだけど、その方曰《いわ》く、人生において、起業できる道がない人は、起業したい、とはならないそう。つまり、起業の道がある人は、そうなるべく、導かれるものらしいんです。

私も導かれたのかな。

お料理教室にも通ったことがなくて始めた、自宅でのお料理教室は、お友達がお友達を連れてきてくれたりして、あっという間に、50名くらいになり、企業にお勤めをしながら、月に10日ほど、自宅でお料理教室を開くようになりました。楽しかったけれど、この時はまだ、専業主婦に憧れていたので、忙しく働くより、働かなくていいようになりたい！　みたいに思っていたんですよね（笑）。だから、生徒さんが増えていくのが、ちょっと負担だったりもして。なんて罰当たりな……。


何年かお料理教室を続け、念願叶って、結婚。お料理教室も閉めて、専業主婦を満喫しようと思ったのも、つかの間、夫がギャンブルでの借金を繰り返し、

「俺はギャンブルも、借金も、やめる気はない！」

と、宣言されたことにより（笑）、残念ながら、離婚を決意。


独身に戻り、次こそはと思って選んだ相手と、これまた結婚して、妊娠し、幸せの絶頂のはずが、なぜか、夫は、働かなくなるという……。

昔、よく占いで、

「あなたはね〜、男縁はあるけど、男運がないんだよね〜」

と言われていたこと、当たってんじゃん……。

働かなくなって毎日YouTubeを見て、朝から晩までダラダラ働かなくなった夫は、自暴自棄になっていき、度重なる暴力と言葉の暴力が、私だけでなく、生まれたばかりの子どもにまで向けられるようになりました。さすがに父親はいた方がいいと思えなくなり、シングルマザーになることを決意。

おかしいな……こんな予定じゃなかったんだけど。専業主婦には、なぜかどうしてもなれない（涙）。

シングルマザーになる覚悟を決めた時、子どもはまだ生まれて2ヶ月でした。

働かなくていい専業主婦希望だったのに、必死で働かなきゃいけないシングルマザーへの転身、専業主婦の夢、破れたり……。

でもこれが2つ目のターニングポイント。

母は強し！　頑張れ私！

３歳以下の子どもを預かってくれる保育園に子どもを預け、月曜日から金曜日までは契約職員として勤務。土曜日は、朝から夕方まで、サービス業のアルバイト、日曜日は、少しでも子どもに貯金ができればと、お料理教室を再スタート。

お料理教室を再スタートさせようと思ったのはいいけれど、前にお料理教室をやっていたときは、お友達にお料理教室をやってと頼まれてのスタートだったので、既にお客さまがいた状態。しかも、お友達がお友達を誘ってくれて、いわば口コミだけで、集客していたので、再スタートさせるにあたり、どう集客したらいいかもわからない……ってことに気づくわけです。

なんてこった……集客ってどうやったらいいの？

そんなときに、WEBデザイナーをしていたお友達から、

「ブログを書けばいいんじゃない？」

とのアドバイス。

ブログって、どう書いたらいいの？　てか、無料で書けるの？　それすごいね！　無料なら、私にもできるじゃん♡

なけなしのお金をかき集めて、ノートパソコンを買い、ブログってものを書くことにしました。ブログの書き方も知らないまま、ブログを書き始めたら、一日のアクセス3……。

そのうち、たぶん2回は、私が見てる……。でも誰か、私の知らない1人が見てくれている！　そんなことだけでも嬉しくて、毎日毎日アクセスの少ないブログを書き続けること数ヶ月……。

ある時、とあるポータルサイトで、私のブログが取り上げられるや否や、アクセスランキング爆上がり！

やったーーー!!!!　今、頑張らねばいつ頑張る?!　とばかりに、いつにも増して、ブログに力を入れ、おかげでブログから３０００人以上の集客ができるように。

アクセス３からのスタートだったけど（笑）。

ターニングポイントの活かし方

こうして、２つのターニングポイントがあった私ですが、あなたがもし、ターニングポイントに遭遇した時に、チャンスとして活かすためのヒントになればと思うので、私がどんな風に活かしてきたかということを、お話しできたらなと思います。


そもそも、お料理教室に通ったことがない私。

インターネットはあったし、パソコンもあったけど、今みたいにSNSで個人が情報発信する時代ではありませんでした。お料理教室を自宅でしている人が周りにいなくて、どうやっていいかわからず、どうやって情報を集めたらいいかもわからず……。

まずこの時点で、

✓やったことがないからできない。
✓よくわからないからできない。
というマインドではなく、
✓やったことがないけど、どうやったらできるのか？
✓よくわからないけど、どうやったらできるのか？

できるようにするためには、どうしたらいいのかというマインドで考えてみたんです。
それで聞いてみることにしました。

誰に？　何を？
お料理教室をやってほしいと言ってくれたお友達にです。
だって、本当の答えは、お客さまが持っているはずだから！

「なんでお料理習いたいの？」

「料理苦手だから」

「料理の本を見ても、難しそうだし、調味料とか計るの面倒だし」

「なるほど！　そりゃ面倒だわ。だって私、計ったことないもん！」


このやり取りでわかったこと。

✓調味料などの計量が面倒。
✓本に書いてあるたくさんの工程があるようなレシピは難しく思えて、やる気が失せる。

ならば、それを取っ払ったお料理教室をやろう！　それなら私にもできそう。

だって、私も計ったことないもん（笑）。


私は、プロの料理人を育てるお料理教室がしたいわけじゃない。
※できないし！
お料理って楽しいし、難しくないし、作ったお料理を、一緒に食べる誰かと共有できる時間は、いろんなことを話したり、笑顔になれる。

そんなことを伝えられるお料理教室をしよう♪

こんな風に、

✓お客さまが求めるものは何か。

✓その中で、私にできることは何か。

✓どんな思いを詰め込むのか（理念やコンセプト）。

今思えばですが、こんなことを明確にできたことがよかったんだと思います。

◆教訓◆

✿あなたがやりたいことではなく、

✿あなたが役に立ちたい人が、求めていることで、

✿あなたができること、やりたいことは何かを考えて、サービスを作りましょう。

ビジネスがうまくいくための第一歩のワーク

あなたがやりたいこと・叶えたいことを書き出してみよう♪

♡あなたが役に立ちたい人はどんな人？

♡その人たちの役に立てることで、あなたができることは何？

♡その方たちが、解決したい悩みや、叶えたい要望はどんなこと？

第2章

ビジネスで結果を出すために一番いい方法

ホントに私は、目標とする結果が出せて、
なりたい私になんてなれるのかな……

真っ暗な長いトンネルの中で、
どちらに進めば、出口の明かりが見えて、
明るい世界に行けるのか。

このトンネルを抜けられた人たちは、
一体どうやって抜けたんだろう？

それが知りたくて、そうなりたくて、
がむしゃらになれる人に、こう伝えたい。

絶対大丈夫♡
結果を出すことくらい、あなたは絶対できるから。

やりたいことは、必ずできる理由！

お料理教室から始まった私の起業ですが、今は、売上・利益アップにコミットしたコンサルタントとなりました。

最近では、つづみさんは普段どんな生活をされているんですか？と、現在の私の働き方、生活のことをよく聞かれることがあります。

ありがたいことに、今では自由に、好きなようにビジネス、働き方や生活ができるようになりました。

こうやってお伝えすると、とても優雅できらびやかな生活をしているように思われるかもしれませんが、残念ながら、そんなこともなく（笑）、きらびやかな感じは全くなくて、そこにあまり憧れもないんです。

そういう意味では優雅ではないけれど、好きなもの、欲しいものは、ほぼほぼ買えてるし、というか、さほど物欲もないけれど、乗りたい車に乗り、食べたいものを食べ、行きたいところに行けています。

仕事のスケジュールも、仕事内容も、お休みも、遊ぶのも、自由に生活できているので、そういう意味では、最高に贅沢だし、ありがたいことだと思っています。

でも私も最初から自由になっていたわけではなくて……。

あ、でも自由は自由だったかな。

自分でビジネスしているわけだから、別に誰からも指示されないし。

でも、売上・利益がなくて、ビジネスが成り立ってなかったら、自由でも、嬉しくはなかったですけど（笑）。

今の私の一日の一例を挙げるとこんな感じです。たぶん、みなさんの想像しているのと違って、期待を裏切ってしまうかもしれませんが、ごく普通の生活です。

私には、まだ義務教育を受けている子どもがいるので、毎日、朝の支度や、お弁当、夕飯の支度や、片付け、洗濯や掃除、子どもの送迎など、どこにでもいる普通のお母さんをしています。

寝起きの悪い娘を、たたき起こして、時にはキーキー叱りながら、家事・育児をしています。

普通でしょ？（笑）。

残念ながら旦那さまはいないので、子どもを遊びに連れて行ったり、旅行に連れて行ったり、パパ業もこなしているシングルマザーです。

でも、自分で自由に決められるので、好きなようにビジネスできるし、時間も自由で、こんな生活ができるようになれたこと、ホントにありがたいし、関わってくださった方たちに、感謝しています。

出版社さんや編集者さんに、私が毎日どのように過ごしているか、優雅な一日のタイムスケジュールや行動を書いてほしいと言われて、私の一日なんて、みなさん興味ないと思いますよ！　とお伝えしたんですが、ぜひにということだったので、あんまり優雅じゃないけれど、とある一日のスケジュールというか、こんな風に過ごしてますみたいなことをご紹介できたらと思います。

そうすることで、これからもっとビジネスを発展させたいと思われているみなさんの参考になれば嬉しいです。

朝、起床して、まずはお弁当作り。

料理は幸い得意なので、嫌いじゃないけれど、毎朝のお弁当作りはやっぱり大変。

限られた時間で作らないといけないので、作り置きおかずや、自家製冷凍食品を事前に準備して、手早くささっと済ませます。

子どもを送り出して、身支度と朝食。朝からしっかりとがっつりと食べます！

お米が大好きなので、炭水化物もしっかり食べます。食べ過ぎです（笑）。そんなに食べて、太らないのは羨ましいと言われますが、誰でもできるちょっとしたコツで、なんとか体型維持できているのかなって感じ。でも、たるみや白髪も気になるアラフィフです。

基本は朝、10時から仕事を始めることが多いです。私のアメブロやメディアからお申込みいただいた、体験セッションや説明会、また、売上コミットアカデミーの受講生さんたちのコンサルティングを、Zoomというインターネット回線を利用した、パソコンやスマホでできるテレビ電話で行っています。

お昼は、適当に済ませたり、お友達とランチしたり。お菓子もよく食べます。あっ、あとアイスクリームも大好き！ハーゲンダッツのマカダミアナッツLOVEです♡

そのあと、同じように体験セッションや説明会、コンサルティングをZoomでしたり、私自身のアメブロやSNSに投稿したり。

夕方からは、夕食の準備。夕食を食べる時間が18時くらいなので、それに合わせて逆算した時間から作り始めます。

ばらちらし寿司や裏巻き寿司など、お寿司を作る時もあるし、今日は忙しい！ってときなんて、チャーハンとスープだけとか、手抜きの日もあります（笑）。

唐揚げ、ハンバーグ、オムライス、ぶりの照り焼き、お寿司、豆乳シチュー、ギョーザなどなど、子どもが好きなメニューが中心。

外食はもっぱら子どものリクエストで、回転寿司やお蕎麦屋さんが多いかな。

夕食を食べた後は片づけをして、予約があるときは、売上コミットアカデミーの受講生さんたちのコンサルをZoomでしています。

こんな風に、家事、育児をしながら、その日の都合や気分で、自由に時間を使って、好きなビジネスを楽しんでいます♪

時には、一日休みにして、とにかくダラダラのんびりもします。ダラダラ朝起きたまんま、誰にも会えないヨレヨレの格好で過ごすの、大好きなんです（笑）。

つづみさんは忙しいから、お休みあるんですか？　とか、寝ていますか？　ってよく聞かれますが、あります、あります。こんなんですよって感じです。

娘やお友達と、旅行に行ったり、お出かけしたりもしていますよ。だからもう、ホントに自由。でも自由とは、責任と隣り合わせ。がっつりお仕事モードのときは、今日のように原稿を書いているときもあります（笑）。

ただ、それって、誰かにやらされているわけじゃなくて、全部私のしたいことだから、私の中で頑張ることは無理や我慢してすることではなく、この上なく楽しいことで、やりたくてしょうがない、頑張りたくてしょうがない衝動みたいなものなんです！

こんな私が、なぜコンサルタントになったのかという質問も、よくお受けするのでお話しますね。

お料理の仕事で、テレビ番組の仕事をしていて、(※といっても裏方です。残念ながら、画面には出ていないんです。ごくまれに手だけの出演があったりしますが、基本は私が作ったお料理たちを美味しそうに映してもらっていました)

とても人気番組だったこともあり、SNSなどで情報発信していくと、あの番組を担当しているなんてすごい！

と多くの方が私のことを知っていただくようになり、SNSから起業相談が来るようになったんです。しかも何人も。

びっくりですよね。私もびっくり。なんで私に起業相談？？？

これも3つ目のターニングポイントですね。

可能な限り、お会いしてお話を伺っていくうちに好きなことをビジネスにしているけれど、売上で悩んでいる人がとても多いんだということがわかったんです。

かくいう、その頃の私も、例外ではありませんでした。担当しているテレビ番組が人気番組なだけで、私は特別すごい人でも、すごい売上・利益があるわけでもなく、どちらかといえば、毎月の売上に悩んでいました。

そんな私だから、当然アドバイスなんてできるわけがありません。お話を伺って、私がしてきたことをお伝え

し、励ましてあげる。こんなことしかできなくて、もっと役に立てるようになれたらいいなと思った私は、まず、私が売上・利益を上げてみよう！　そのための勉強をしよう！

思い立ったらすぐやりたくなってしまう癖があるので、たまたまネット広告で見つけた、人生初の経営塾なるものに参加し、ここで、ビジネスのことを学びます。

経営塾で学びながら、考えたことがあります。

私に相談をしてこられた方たちの業種が教室の先生や、サロンのオーナーといった方たちだったんですが、お料理教室をやっていた私は、何となく教室のことはわかるけど、サロンのことは全く分からなかったので、ならば、私がまずサロンを経営してみよう♪

そしたらわかるはず！

そう思った私が次に考えたのが、サロンをやるなら、一番客単価が高い痩身エステがいい！　ということ。なぜなら、私はシングルマザーで、家事・育児があるから、働ける時間が限られているので、単価が高くて、利益率がいいビジネスモデルじゃないと売上・利益を上げられないから。ちなみにエステサロンのことは、何もわかっていませんでした。

でも絶対できるはず！　根拠は全くなかったです（笑）。

経営塾で学んだ通りにやってはみたものの、あれ？　おかしい……。

全然集客できないし、売上もない。

オープンして、２ヶ月、毎月の営業赤字がかなりの額になって、来月も赤字なら、早々に店を閉めな

いといけなくなる……。

今月が泣いても笑っても、勝負、絶対何とかしないと。

今までも学んできた通りにやっていたつもりだったけど、もう一度、マインドセットし直して取り組んだ３ヶ月目、

月商１００万円達成！

毎月マイナス60万円の赤字を出していたところからのV字回復！

お店つぶれなくて済んだ（汗）。


それからというもの、ありがたいことに予約が取れないサロンとして認知いただけるほどになり、毎月の売上も好調で、このまま順調にいくと思った矢先、これまた試練が（笑）。

お店が入っているビルの耐震問題で、強制退去勧告。サロンを自宅に移し、その傍《かたわ》ら、本格的にコンサルタントとして、始動することを決意！

そっか。私、コンサルタントをやるためのサロン経営だったから、売上の上げ方も分かったし、これはこれでいいのかも♡

こうして、ド素人が始めたエステサロンですが、何とか目標の月商１００万円を安定させることができ、サロンはすぐになくなってしまったけれど、コンサルタントとして、本格始動できたポイントを、一緒に考えていきたいと思います。

あなたも叶えたいことは、絶対叶えられるから♡

ほしい結果を手に入れるコツ

私がいつもお伝えしていることがあります。

私だからできることを
私にもできるやり方で
私らしく

これは、私の理念でもあり、売上コミットアカデミーの理念でもありますが、ここに込めた意味は、あなただからできることがあるのに、何かを始めるとき、つい、不安から、できない理由にフォーカスしがちになってしまうことってあると思うんです。

でも、ホントにできるようになりたいこと、やりたいことなら、できない理由にフォーカスしていても絶対できるようにはならないんですよね。

ホントにできるようになりたいことなら、できない理由にフォーカスするんじゃなくて、できる方法を考える♡

例えば、子どもが小さいから、時間がないし、できない……ではなく、子どもが小さいから、時間がないけど、どうやったらできるかな？　という感じです。これが理念なので、基本やりたいことができたときは、これをベースに考えます。

お料理教室の時も、エステサロンの時も、できない理由にフォーカスしようと思ったら、私にもいくつもあったけれど、どうしてもやりたかった、できるようになりたかった私は、できる方法を探してきました。

✓料理教室もエステも、やったことがないからわからない。
✓子どもが小さいから時間がない。
✓お金もない（笑）。

このできない理由を

✓**どんな風なら楽しんでもらえるのか？**
✓**少ない時間で、どうやったらできるか？**
✓**どうやって資金を作るか？**
✓**限られた資金で、何ができるか？**
✓**自分が求められていることの中で、できることは何か？**

こんな風にどうしたらできるか、できるやり方を考えて行動した結果、経験なし、人脈なし、お金なし、時間なしのナイナイづくしの私でも、やりたいこと、できるようになりたいことができるようになったんです。

最短最速で突き抜けた結果を出した人たちの実例

売り上げコミットアカデミーのたくさんの受講生さんたちも、売上がないところから、この理念に沿って、素晴らしい結果を出し続けているので、その方たちが、どんな風に結果を出してきたかをお伝えできたらと思います。

田舎の自宅サロンで、フェイシャルエステ経営シングルマザー
月商2万円➡最高月商170万円！　連続月商100万円以上継続

この受講生さん、私のことは、そのとき出していたネット広告で知ってくれたそうです。

集客も、リピートも、高額サービスのご契約も、価格のことも、何もわかっていなくて、最高月商2万円。

もう、このままでは見事に売上が上がらないねっていうくらい、崖っぷちの状態でした。

✓田舎の自宅サロンでは、高いものは売れない。
✓小さな子どもがいるから、時間がない。
✓SNSが苦手。

こんな悩みを抱えていましたが、受講3ヶ月で、

✓高額サービスを売り込まずに成約率70%以上にした。
✓時給単価が上がるよう、時間と価格を見直した。
✓SNS以外で自分に合った方法で集客をした。

こんなことを改善し、売上毎月１００万円以上達成！

見事、崖っぷちからの生還♡

とにかくお金のブロックもあったし、セールスが苦手。そもそもセールスのことを、売り込むことだと思っていたから。

あ、もしかして、今読んでいて、セールスって売り込むことじゃないの？　違うの？

私もセールス苦手だし……。

そんな風に思いました？

私は、そんなあなたの役に立ちたい！　だって、セールスは全く難しくないから。

なぜ難しくないかっていうと、セールスって、売り込むことじゃなく、お客さまの悩みの解決や、ご要望を叶えるためのベストなご提案だから♡

例えば、あなたがお水を売っていたとして、のどが渇いているお客さまに、冷たいお水が欲しいと言われたら、どうしますか？

はい、どうぞ！　って、冷たいお水、お出ししますよね？
そしたらお客さまは、ありがとうって、喜んでお水を買ってくださいますよね？
これがセールスです。
どうですか？　難しくないし、売り込むことじゃないですよね？

セールスとは、お客さまの悩みの解決や、ご要望を叶えるためのベストなご提案。つまり、お客さまの役に立つことであり、喜んでもらえること。
そう、セールスは、お客さまへの最大のサービスなんです♡

売上コミットアカデミー認定コンサルタントのシングルマザー
月商0円⬇3ヶ月後、月商200万円以上。
最高月商480万円！　5ヶ月で960万円達成！　現在も更新中

この受講生さんは、売上コミットアカデミーに入られたとき、コンサルタントになりたいという夢があったので、ならば売上コミットアカデミーの認定コンサルタントとして、勉強してみますか？　ということになりました。コンサルの実績全くなし。

そんな0からのスタートで、私の脳みそを完全コピーしてもらい、今では、私にそっくりといわれるくらいに成長してくれました。

しゃべり方まで似てきて、彼女がしゃべっているところを聞いていると、これ、私か？　と私が笑えてくるくらいです。

✓特化できるものがなく、差別化がしにくい。
✓小さな子どもがいるから、あまり時間がない。
✓客単価が低い。

こんな悩みを抱えていましたが、

✓彼女のやりたいことを活かして、コンサルタントに転身。
✓理想のお客さまを明確にし、オンライン集客を仕組化した。
✓高額サービスを売り込まずに成約率100％を達成。

やったこともないコンサルタントとして、結果を出すことができたのは、なぜだかわかりますか？　それは彼女は、既に結果を出している人から、結果を出すやり方・在り方を教えてもらい、素直に実践したからです。私が売上コミットアカデミーで最初に教えている、一番大事な3つのことを実践したからなんです。

一番大事な3つのこととは、

✿素直に実践すること。
✿行動を止めずに、たくさん行動すること。
✿いかなる時も、常にお客さまファーストを心がけること。

完全オンラインの仕組みを作ったダイエットカウンセラー
月商20万円⬇26日で１４０万円達成！
翌月以降も右肩上がりで月商４１２万円達成！
5ヶ月で１１９２万円達成！　現在も更新中

ほかの経営塾に入って勉強されていたこの受講生さんは、既に価値あるご自身のサービスを作って持っていました。でも、なぜかもったいない集客のやり方をしていたり、お客さまからご契約をいただく流れができていなかったり、そのせいで、せっかくいいサービスを持っているのに、お客さまに価値が伝わっていなくて、売上が上がっていませんでした。

月商１００万円以上、安定した売上を上げられるようになりたい。この方のサービスは、利益率90％以上なので、月商１００万円ということは、利益90万円以上ということになります。

✓他の経営塾に行っても売上が上がらなかった。

✓高額サービスの契約が取れない。

✓集客にムラがある。

こんな悩みを抱えていましたが、

✓高額サービスを売り込まずに成約率65％以上になった。

✓完全オンラインで仕組化することができた。

✓集めるのではなく、集まるように集客を自動化できた。

最短最速で、この結果が出せたのは、とにかく素直なのと、行動が早いこと。

私がしたアドバイスを、すぐに行動に移して、すぐに結果を出し、それを繰り返し続けたから。結果が出るから、ビジネスがより楽しくなるし、楽しんでいる人のところには、お客さまが集まりやすくなります。

私がしたアドバイスは、集客導線を整え、自動的に集客できる仕組みを作ること。そして、今やっていることのボトルネック（何が原因でうまくいっていないか）を改善することです。

ちょうどこの本を書いているときは、売上コミットアカデミーの受講5ヶ月目が終わったところ。この月の売上報告も、最高月商412万円、5ヶ月総売上は1192万円を超えていました。

目標を達成するためには、何をどう行動したらいいのか、それがわかっているので、苦しむことなく、自分の時間も大切に、今月も、月商100万円目指して、行動されています。

田舎の自宅でケーキ教室経営主婦
月商2万円⬇9ヶ月後月商60万円以上！
オンライン化でさらに売上アップ！
コロナウイルス禍でも売上アップで月商70万円超え！　全国展開へ

経済力を持ちたいんです！　初めてオンラインのテレビ電話でお話を伺ったとき、こんな風に話してくれました。

主婦でも、自分の経済力を持ちたい！　そう考える女性は少なくないはず。この方もそのおひとりでした。もともとパティシエさんだったので、ケーキ作りは上手。私も食べさせていただいたんですけど、ホントに美味しかったです。でも、ケーキ教室にお客さまは来てくれないんです。

わかる！　私もそう……。そんな風に共感された方、ここからの話、よく聞いてくださいね。

ケーキ作りは上手な先生なのに、なぜ、ケーキ教室にお客さまは来てくれないのか。

ケーキが作れるのに、なぜ、売上は作れないのか。

そんなの簡単です！

だって、経営を勉強していないから。

ケーキの勉強はしたかもしれないけど、経営の勉強をせず、いきなり経営を始めちゃったわけです。そりゃ、売上作れないでしょ……。ケーキの作り方を知らないのに、ケーキ作りを教えないですよね？　でも、経営のこと知らないのに、経営を始めちゃうんです。

好きなことを仕事に、起業するほとんどの人が、経営を学んでないのに、経営を始めている。だから売上・利益が作れないんです。

今、偉そうに言ってる私も、そのうちの一人でしたけどね（笑）。

✓田舎の住宅地で商圏が狭い。
✓客単価が低い。
✓オンラインでの集客が苦手。

こんな悩みを抱えていましたが、

✓オンラインでケーキ教室を開講、全国対応可能にした。
✓協会を設立し、育成することで客単価を上げた。
✓見込客を集めるための集客導線をアメブロ・SNSで構築した。

ケーキ教室やサロンなど、通える範囲のお客さまがターゲットになるビジネスでは、商圏が限られます。なので、オンラインでできる仕組みの作り方をアドバイス。今や、全国に受講生さんがいるケーキ協会の代表をされています。

売上コミットアカデミーの受講生さんのほんの一部、数人の例をご紹介しましたが、
他にも、たくさんの受講生さんたちの売上アップの実例があります。

※詳しくは私のブログに書かせていただいています。
売上アップのコツも日々配信しているので、お読みいただければ嬉しいです。

月商１００万円達成する専門家とみたつづみのアメブロ
https://ameblo.jp/tsudumido
とみたつづみ　アメブロ　で検索！

売上アップのノウハウがいっぱい
売上アップの教科書
https://uriageup-book.com/
売上アップの教科書　とみたつづみ　で検索！

【とみたつづみのYouTube】
とみたつづみ　YouTube　で検索！
https://www.youtube.com/channel/UCHuSELHgkrHSCQ-rDuDjbhw/featured

次は、なぜ、売上コミットアカデミーの受講生さんたちが、この結果が出せたのかということをお話しましょう。

目標とする結果を出すためにやること

私も売上コミットアカデミーの受講生さんたちも、目標とする結果を出すことができ、人生が変わりました。

私たちは特別に優秀だったから変われたのでしょうか。

残念ながら、私も受講生さんたちも、いたって普通です。

私においては、普通以下、何をやっても続かないし、何の資格もないし、特段、優秀な人間ではありません。それは今でも変わりません。

ではなぜ、目標とする結果が出すことができたのでしょうか。

それは間違いなく、

私だからできることを
私にもできるやり方で
私らしく

この理念に沿って、できるやり方を見つけたから。

もちろん、そのための努力もしたし、行動もしました。頑張った！　と言えるくらい頑張りました。

でもそれは、無理をしたわけでもないし、イヤイヤやったわけでもなく、誰かにやらされたわけでもないんです。時にはうまくいかなくて、辛いこともあったけど、それでも全力で頑張れたのは、ホントにやりたいことだったし、叶えたいことだったから。

例えば、富士山に登りたいという目標があったとして、山頂まで登るためには、長い道のりを、時には足が痛くなったり、息切れがしたり、そんな大変な思いをしながら、登るわけですよね。でも少しずつ、確実に山頂には近づいているんです。

それって、ワクワクしませんか？　めちゃくちゃワクワクするじゃないですか♡

こういうことだと思うんです！

ホントに何が何でも、山頂にたどり着きたかったら、たどり着けない理由って、考えないと思うんです。

どうやったら、少しでも早く、少しでも効率よく、安全に山頂にたどり着けるのかってことを必死に考えて、登り続けると思うんです。

でも私、登山なんてしたことないし、登山用具もないし……。

なーーーんて、ホントに山頂にたどり着きたいなら、山頂にたどり着けない理由なんて、考えないでしょってことです。

それに、登山をしたことがないなら、したことある人から情報収集をするとか、調べるとか、登山用具がなかったら、何とかして用意するか、代用品を見つけるか、何とかするでしょ？

そしたら、ちゃんと山頂にたどり着けるんです。

だから、やりたいことは、絶対できるんです♡

やりたいことを叶えるワーク

あなたがやりたいことをできるようになるために、できるやり方を考えてみよう

♡あなたがやりたいことは何ですか？

例
おしゃれな場所で、カフェを経営したい

♡あなたがやりたいことを、できるようにするためには、
どんなやり方がありますか？

例
資金はないから、クラウドファンディングでお金を集める。
どうしても資金が集まらない場合は、自宅のキッチンで、料理教室から始めてみる。
料理教室は保健所の営業許可がいらないから、少ない資金で続けることができるから。

第3章

売上アップにとっても重要な設計図

こんなことで悩んでいる人や、こんな風になりたい！
とのご要望がある人に、私のサービスを受けていただき、
たくさん喜んでもらいたい！

そう思って始めたはずなのに、
実際初めてみると、何からどうしたらいいか、わからなくて、
売上もないし、日々不安ばかり……。

私も数年前までは、こんな気持ちで
毎日を過ごしていました。

あなたの提供するビジネスが、
どんな人に喜んでもらえるのかを明確にすることは
とっても大事。

だって、それが明確にできたら、
あなたの提供するサービスで、
もっとたくさんの人に、喜んでもらうことが
できるんですもん♡

そのための設計図、作ってみましょ！

売上アップに必要な設計図を組み立てる

例えば、家を建てるとき、いきなり屋根を作ったり、柱を建てたりしませんよね？　まずは、どんな家を建てたいのか、どう過ごしたいのか、どんな間取りがいいのかなど、家を建てる前に考えて、そのうえで設計図を作りますよね。

ビジネスも一緒。

いきなり、やみくもに集客したり、商品やサービスを作っても、ホントに求めているお客さまに届かなかったり、選んでもらえなかったりします。それは、お客さまが求めている商品やサービスじゃなかったり、求める人に届いてなかったりするから。あなたの商品やサービスが、求める人に届いて、選んでもらい、喜んで対価をお支払いいただく。そのためには、どうしたらいいんでしょう。

そのためには、ビジネスにおける設計図なるものが必要なんです。

その設計図なるものが、コンセプトプランニングです。

売上コミットアカデミーでは、コンセプトプランニングシートを使って、受講生さんたちのビジネスが、誰に向けて、どう情報発信していくといいのか、などを決めていきます。

この設計図を作ると、あなたの理想のお客さまに、あなたの商品やサービスが選ばれるようになり、心から喜んでもらえて、売上も上がります。

集客で悩んだり、リピートしてもらえないと嘆いたり、安売りをしたりしなくていいようになるんです！

では、そのコンセプトプランニングとやら、どんなものか一緒に見ていきましょう♪

高額でも選ばれる商品やサービスの作り方

なんといってもまず商品やサービスがないと、始まりません。売るものがない状態では、売れないですもんね（笑）。既に商品やサービスを持っている人も、一度その商品やサービスが、お客さまから選ばれるものになっているか、一緒に確認してみるのもいい機会かなと思います。

高額でも選ばれる商品やサービス、売れる商品やサービスというのは、お客さまにとっての価値があるかどうか。

お客さまにとっての価値があるかどうかは、悩みの解決ができたり、ご要望が叶えられたりするかどうかです。

例えば、めちゃくちゃ髪の毛が生える育毛のサービスがあったとして、それを受ければ、ホントに髪の毛が生える、すごく効果のある素晴らしいサービスなんだけど、でもこれ、売れていないとしたら、どこに問題があると思いますか?

ちょっと考えてみてください。これ、わかるとすごく簡単なことです。

商品やサービスがよくないと、お客さまに喜んでもらえないのは、当たり前ですよね。

でも、いくら商品やサービスがよくても、お客さまに喜んでもらえない、つまり、売れないこともあるんです。

それがこの、育毛サービスの例。では、どうしたら、この育毛剤を売れるようにできるのか。

それは、髪の毛が少ない、少なくなってきているという悩みを抱えた方で、増やしたいとご要望がある方に、この育毛のサービスの価値を伝えれば、売れるようになるわけです。


しかも、売り込まずに。

だって、悩みが解決できて、要望が叶うわけだから。

いくら素晴らしい育毛の効果があるサービスでも、髪の毛が少ない、少なくなってきたという悩みや、育毛したいっていうご要望がある方でないと、どれだけ育毛効果があろうと、すごいね！　とは言ってもらえるけれど、欲しい！　そのサービスを受けたい！　とは言ってもらえないってことなんです。

私のサービスでもある、売上コミットアカデミーも同じこと。

売上が上がらなくて、悩んでいらっしゃる方に、売上アップするための学びと、コンサルティングを提供していて、売上アップにコミットしているので、売上を上げたい！ というご要望がある方には、とっても価値のあるサービスだと思うんです。ですが、そもそも、起業している人、これから起業したい人じゃない限り、興味がないお話ですもんね。

理想のお客さまを集客するための重要ポイント

あなたが提供する商品やサービスは、どんな悩みを持った人の役に立ちますか？ もしくは、どんな要望が叶えられますか？ 年齢、性別は？

例えば、私の提供するサービスは、

売上がない、集客ができない
リピートしてもらえない
価格の設定がこれでいいかわからない
何からどうやったらいいのか、わからない

と、ひとりで悩んでいて、でも、本気で売上を上げたい！　たくさんのお客さまの役に立ちたい！　こんな悩みやご要望がある方のお役に立てるサービスです。

これがわからないと、誰に向けて、私はこんなサービスを提供していますよって、情報発信したらいいのかわからないじゃないですか。

求めている人に、あなたのサービスが届くようにするためには、まず、コレを明確にすることがとっても大事！

そして、年齢や性別も明確にしておくと、更に情報発信する際、どんなツールを使うと、効果的なのかということも、わかりますよ。

高額商品、サービスが飛ぶように売れる伝え方

あなたのサービスを受けたお客さまは、どうなることができるのでしょうか。これはメリットとベネフィットといわれるもの。メリットとは、商品やサービスのウリや特徴。一方、ベネフィットとは、商品を使ったり、サービスを受けたお客さまが、受ける効果や恩恵のこと。

あなたの商品やサービスにおける、お客さまのメリットとベネフィットは何か、ということが、ちゃんとお客さまに伝わるようになっていますか？

あなたは自分が作った商品やサービスなら、よくわかっているかもしれないけれど、お客さまは、作った本人でもなければ、専門家でもないので、あなたの商品やサービスにおけるメリットやベネフィットが、あなたが伝えないとわからないんです。

このメリットやベネフィットこそが、お客さまにとっての価値になります。

お客さまにとっての価値があれば、価格が高くても、あなたはお客さまから選ばれる

ことになるんです！

だからこの、メリットとベネフィットをお客さまにわかりやすく伝えるって、とってもとーーーっても大事なことなんです♡

ちなみに、私のサービスのメリットは売上・利益が上がること。

本気で結果を出すと決めた人の、売上アップにコミットしていることです。

集客で悩んでいた人が、理想のお客さまにたくさん来ていただけるようになったり、リピートしてもらえないと嘆《なげ》いていた人が、お客さまに次回予約を入れていただけるようになったり、自分の商品やサービスに自信が持てるようになることにより、安売りしなくても、商品やサービスが売れるようになったりすることです。

一方、ベネフィットは、それによって、時間的ゆとり、経済的ゆとりができることにより、今以上に好きなこと、本当にやりたいことができるようになり、人生が豊かになること。

私の夢の一つにあるのが、売上が上がって、時間的・経済的にゆとりができた受講生さんたちと、旅行したり、お買い物したり、時には私のお家にご招待したり、受講生さんのお家に招待されたりして、一緒に遊んだり、更に、成長するために一緒に学んだりすることなんです。

理想のお客さまから選ばれるキャッチコピーと肩書

いくらあなたのサービスが、そのお客さまのために役に立つもの、求めているものだったとしても、そのホントのところは、体験してみてからじゃないと、わからないですよね。

でも体験してもらうためには、このサービスを受けたら、私の求めていることが手に入りそう♡　と思ってもらわないといけないわけです。

では、お客さまにどうやって選んでもらえるようにするのかってことですよね。選んでもらうために大事なことの一つに、キャッチコピーというものがあります。

わかりやすい例でいうと、
『お、ねだん以上。』といえば、ニトリ
『はやい、やすい、うまい』といえば、吉野家
『きれいなおねえさんは、好きですか?』といえば、パナソニック
こんな感じです。

いかがですか? 聞いただけで、イメージできる、ぴったりなキャッチコピーですよね。
あなたが提供する商品やサービスは、どんな人に受けてもらったら、一番喜んでいただけるのか。
あなたの理想のお客さまは、どんな悩みを解決したくて、どんなご要望があって、どうなれたら嬉しいのか。

そう思っている人に、響く言葉や文章になっているのか。
どんな言葉や文章なら、イメージしやすくて、興味を持ってもらえるのか。

ということを、できるだけ簡単に、短く言語化することができると、とってもいいキャッチコピーになりますよ！

そして、大企業でもない、好きなことを活かしてビジネスをされている個人の方たちなら、そのキャッチコピーを裏付けるような肩書もあると、更におススメです。
ちなみに、私のキャッチコピーは、『３ヶ月で月商１００万円達成する専門家』
肩書は、売上コミットコンサルタントです。

このキャッチコピーと肩書にした理由は、私がコンサルティングさせていただいている、売上コミットアカデミーの受講生さんたちの実績として、３ヶ月から6か月以内に、月商１００万円以上達成する人も少なくないのと、私の理想のお客さまが、月商

１００万円達成したい！　そのために、コミットして頑張りたい！　って人だから。

私自身も、受講生さんたちの売上アップをコミットしているので、同じように自分の売上アップのために、コミットして頑張りたい！　って人じゃないと、お互い合わないですからね。

だからこそ、このキャッチコピーと肩書を見て、そうなりたいと思う、私の理想にぴったりなお客さまから、お申し込みをいただけるということです。

理想のお客さまに共感いただくために一番大事なこと

あなたがそのビジネスをやる理由や想いって、どんなことでしょうか。

例えば、私がなぜコンサルタントをしているのかというと、好きなことで起業したのに、辛い思いをしている人の力になりたいから。

せっかく好きなことを活かして、たくさんのお客さまの力になりたい、役に立ちたいと思って起業したにもかかわらず、結果が伴《ともな》っていない、頑張りたいけど、頑張り方がわからない、そんな人たちに、少しだけ先に結果を出せた私の経験やサポートが役に立てばいいなと、そんな想いがあるからです。

なぜこんな想いになったのか、それは私自身が、起業してビジネスを始めたはいいけれど、全く売上・利益を作れず、辛かったから。頑張りたいけど、何からどう頑張ったらいいかわからない、そんな暗黒時代（笑）があるからです。

これ、ホントに辛いですよね！　私もめちゃくちゃ辛かった……。

こんな私の理念は、

『私だからできることを　私にもできるやり方で　私らしく』

たとお伝えしていますが、この意味は、ホントにやりたいこと、叶えたいことなら、できない理由にフォーカスしないで、できるやり方を、私らしく探して、やりたいことを叶えていきましょうということ。

ついつい、子どもが小さいから、仕事が忙しいから、時間がないからできない、お金がないから無理、経験が少ないから、もう少し経験を積んでから、そんな風にできない理由を探せば、誰でもいくつか出てくると思うんです。

確かに、子どもが小さかったり、忙しかったりしたら時間もないと思います。お金もたくさんあればいいけれど、そうでない人もいらっしゃるかもしれません。

でもホントにやりたいこと、叶えたいことなら、限られた時間の中でどうやったらいいのか、どうしても必要なお金なら、どうやって工面したらいいのか、なるべくお金をかけないでやる方法はないのか、少ない経験をどうやって増やしていくのか、ななど、ホントにやりたいことできるようにするため、叶えたいことを叶えるようにするためには、どうしたらいいのかって考えていくと、やりたいこと、叶えたいことは必ずできるようになると思うんです。こうやって私もやってきて今の私があるので、私が伝えられることって、これなんじゃないか、そんな思いでこの理念を掲《かか》げています。

あなたが今のビジネスをやる理由、思いは何ですか？
それを理想のお客さまに共感いただけるような理念を考えてみるといいですね。

理想のお客さまから選ばれる効果的な情報発信のやり方

どれだけ素晴らしいサービス内容で、どれだけ強い思いがあって、共感いただける理念を掲げていても、それを誰にもお伝えしていなかったら、また、伝わっていなかったら、知ってもらうことは難しいですよね。
何はともあれ、まず、あなたのことを知っていただく、ということが必要なわけです。

つまり、あなたの情報を発信していかなければなりません。

でもどんな風に、情報発信していったらいいんだろう……。

そうお悩みの方も少なくはないですよね！

ということで、売上コミットアカデミーの受講生さんたちが、どうやって情報発信をしているかということを、お伝えできたらなと思います。

例えば、太っているという悩みを抱えていて、痩せたいというご要望がある方に対し、お役に立てる痩身のサービスを提供しているエステサロンオーナーである受講生さんは、ネットの某集客サイトや、ブログ、SNSを使って、お店の情報を発信していました。

なぜかというと、お役に立てる、痩せたいと思っているお客さまが、どんな行動を起こすかを考えたら、

✓ネットで痩せる情報やお店を検索する
✓検索されたとき、どのようにしたら、見つけてもらえるか
✓見つけてもらったあと、どうしたら選んでもらえるか

となるわけです。そしてさらに、どんなご要望があるのかというと、

✓無理なく痩せたい
✓きつい運動、食事制限はイヤ
✓体重だけにこだわらず、気になる部分もきれいに痩せたい
✓リバウンドしたくない

こうなったので、検索で上位表示されやすい某集客サイトを利用すること、それと同時に、自身のＳＮＳで情報発信して見つけてもらえるように、戦略と戦術を考えました。

戦略とは、成果を出すために、何をどうするのかなど、目的達成のためにはどうしたらいいかということで、戦術とは、その戦略を実現させるための手段であり、成果を出すための具体的な方法ってことなんですが、それを考えて行動したので、この受講生さんの理想とするお客さまに、情報が届き、サービスが欲しいと、ご成約いただけるようになったということです。

どんな戦略や戦術がいいのか、ということとは、その方のビジネスモデルを伺ってみないと、的確なアドバイスはできないので、具体的なアドバイスが欲しい方には、無料でご相談させていただいています。

こちらからお問い合わせください。

◇公式ＬＩＮＥ登録ＵＲＬ http://nav.cx/cqf6lcz
◇ＩＤ検索@113gzjaa
◇ＱＲ画像

あなたも売上アップできる具体的な設計図を作るワーク

売上アップに必要なあなたのビジネスの設計図、コンセプトプランニングを作ってみよう

♡あなたが提供できる、お客さまから高額でも喜ばれ、選ばれる商品やサービスを考えてみよう！

例
絶対痩せるエステコース
リバウンドしないためのサポート
自宅でできるセルフケアのための機器の販売

♡あなたの理想のお客さまはどんな人？

例

痩せてきれいになりたい人

リバウンドを繰り返してきて、もうリバウンドしない体づくりを真剣にしたい人

自宅で手軽にケアして、痩せた後もきれいな体を維持したい人

♡そのお客さまは、あなたのサービスを受けると、どんなふうに満足できる？

例

理想の体型になって、着たい服が着られるようになる

モテる

素敵な彼に出会える

海外リゾート地で、ビキニを披露できる

♡お客さまにあなたの価値が伝わる、キャッチコピーと肩書を考えて、まずはたくさん書き出してみよう♪

例

※私が考えた売上コミットアカデミー受講生の一部を例として、挙げておきますね♡

・大きくなった顔を救います！　セルフ小顔講座　小顔レスキュー協会

・体は服でごまかせるけど、手と顔はごまかせない　手と顔のアンチエイジング専門家　美ジュアルチェンジ協会

・派遣OLが1ヶ月で年収150%アップ　働き方も年収も自分で決める　年収アップコンサルタント

・3ヶ月でおうちがレストランに　魅せるテーブルコーデ&料理が学べる資格講座　チャレンジおうちレストラン協会

・3ヶ月でケーキ教室が開ける資格講座　おうちパティシエ協会

・もうデブとは言わせない　ノンリバウンドアカデミー

・米粉教室が開ける資格講座　レッツゴー米粉キッチン協会

・あなたもマライア・キャリーになれる！　憧れのホイッスルボイス専門家

・ピアノで輝け！　ピアノ教室が開ける資格講座　ぴあのスター協会

などな……

◎あなたの理想のお客さまが、情報収集に利用するツールは何でしょう?

例

Instagram

Facebook

Twitter

Google検索

アメブロ

◎お客さまが利用するツールで、あなたができる情報発信の方法をいくつか考えてみよう♡

例

Instagramに毎日投稿

投稿写真の統一感を出す

スライド画像を投稿する

効果的なハッシュタグを調べて付ける

同業種で上位表示される人のモデリングをする

第4章

最短最速で結果が出る効果的なプログラム

好きなことをビジネスにして、
たくさんの人に喜んでいただき、
売上・利益もアップ

こんなふうになれたら嬉しい！

あなたが強くそう思うのなら、
理想は理想のままで終わらせないで、
その理想を叶えるための計画書を作りましょう♡

このプログラムがあれば、
あなたの理想が、最短最速で叶えられます♪

このプログラムを自分のものにできると、
あなたは、もうどんなことでも叶えられます。

それはビジネスで売上・利益を上げることだけではなく、
あなたの人生にとって、大事なこと、
理想を叶えることができるようになるんです。

さあ、あなたもこのプログラムを自分のものにして、
一緒に理想を現実にしていきましょ！

最短最速で結果を出せる計画書の全容

好きなことを活かして、たくさんのお客さまに喜んでいただき、売上・利益を上げていきたい！　誰しも、ビジネスを起こしたことがある人、これから起こそうとしている人なら、同じように思うことですよね。そしてできるだけ、最短最速でそれを叶えたい！　と思うはず。

前の章では、ビジネス全体の設計図の概要や作り方などをお伝えしましたが、この章では、それを具体的にどう数字にしていくかという計画書について、お伝えしていきたいと思います。

全ての結果というものは、原因や理由があるわけです。ということは、売上・利益が上がったという結果も、売上・利益が上がる原因や理由があるわけです。だとしたら、売上・利益が上がる原因や理由を作れば、売上・利益が必ず上がるということですよね♡

前の章のコンセプトプランニングについても同じことがいえますが、結果を出していくためには、物事は逆算で考えていきます。このことを頭において、ここから読み進めていきましょう。

あなたが、理想とする結果を叶えるためには、どんな逆算をしていくといいのかって考えたら、ワクワクしますね！

最短最速で結果を出すための現状把握

現状把握とは、現状を正しく知るということですが、なぜ、現状把握を最初にするのかというと、まず現状を知らないと、理想を叶えるためには、どんな風にしていくか決められないからです。

例えば、あなたがどこかに行きたいとなった時、そこへ行くためにはどうしたらいいかを調べますよね？

その時、どこから出発するか決まっていなかったら、行きたいところへ行くためには、どんな方法で行ったらいいのか、どれくらい時間がかかるのか、費用はいくらかかるのか、などなど、調べることすらできませんよね。

なので、現状把握が、とても大事なんです。

現状把握するポイントは、２つあって、１つは、正確な事実を基に、数字やデータなどを把握する、ということです。

何となくこんな感じとか、たぶんこれくらいとか、感覚だったり、思い込みだったり、ざっくり現状把握をしようとすると、現状とは違っていることを、把握してしまうことになってしまうからです。

もう1つは、どんなことが一番うまくいっているかを把握する、ということです。最短最速で結果を出すためには、このうまくいっていることを、更にうまくいかせるためには、どうしたらいいかに集中して、このあとの計画を立てていくからです。

また、まだビジネスを始めていなくて、これから立ち上げていく人も現状把握はとっても大事♡　ご自身としては、0ベースの状態であっても、同じような業界・ジャンルでサービスをしている人たちが、どんな人なのか、また、どんなやり方をしているのか、どれくらいの売上を上げているのかなどリサーチし、現状把握していきます。

こうすることで、あなたがやろうとしているビジネスが、売上・利益をどれくらい上げられる分野なのか、どうやったらうまくできるのかなど、あなたが理想とする結果を出せている人の事例を参考にすることができますよね！

そして、既にビジネスを始めている人にも、これから始めようとしている人にも、共通してもう1つ、現状把握しておきたい、大事なことがあります。

それは何かというと、とっても重要なお客さまの声です。

既にビジネスを始めている人は、あなたが提供する商品やサービスを購入・契約してくださったお客さまに、質問してみましょう。

なぜ、あなたのお店に来てくれたのか。
なぜ、あなたが提供する商品・サービスを購入・契約してくださったのか。
どんな悩みを解決したいのか、どんなご要望があるのか。
など、質問して、お客さまの本音を聞いてみましょう。

これからビジネスを始める人は、同じようなことをしている同業者のホームページやブログに載っているお客さまの声などを参考に、現状を把握しておくといいですよ♡

この現状把握ができると、あなたが叶えたい結果を出すためには、何をどうしたら、最短最速で結果につながる可能性が高いか、ということがわかるので、そのためには何をしたらいいかを決める行動指針になります。

目標売上を達成できる目標売上の立て方

現状把握ができたら、目標を数字化していきましょう。

つまり目標売上を設定するということなんですが、この目標売上、何回も立てたことある人も、少なくないはず。目標売上を立てたけれど、達成できなかった……という、苦い経験がある人も、同じく少なくないはずです。なんでそれがわかるのかっていうと、それは過去の私がそうだったから（笑）。

そして、私のところにご相談に来られる人たちもまた、同じく、毎月の売上目標を達成できていないという悩みが多いからです。

では、なぜ、目標売上を達成できないんでしょうか？

もちろん、いろいろな原因があるんだと思いますが、一番の原因は、そもそも正しい目標売上の立て方を知らないからです。

正しい目標売上の立て方、習ったことありますか？　私は全くなかったです（笑）。だから知らないわけですよ、目標売上の立て方なんて。知らずに立てているから、もうね、適当、当てずっぽうに立てているわけ。目標売上というより、ただの願望？　これくらいあったらいいな〜　みたいな（笑）。そりゃ、目標売上、達成できないわって感じです。とはいえ、毎月目標売上が達成できたら、嬉しいですよね。目標売上を達成するための正しい目標売上の立て方をみていきましょう。

その前に大事なことをお伝えしておかなくてはなりません。
目標売上を達成するための大前提があって、それは、立てた目標売上に対して、必ず達成するという、覚悟を持つこと。１００％コミットするということです。

覚悟を持つ、コミットするということは、達成しないという選択肢は捨てること、達成するためにはどうしたらいいか、という選択肢を選んでいくということです。

では、正しい目標売上の立て方について、お伝えしていきますね。

正しい目標売上の立て方は、３パターンあります。

まず１つ目、損益分岐点を中心に考えていくということです。
損益分岐点というのは、例えば、個人でビジネスされている方なら、あなたの生活費や店舗の家賃、光熱水道費だったり、商材などの仕入れ代だったり、生きていく、仕事をしていくうえで、毎月必要なお金があると思いますが、その金額を言います。
つまり、最低限、赤字にならないようにする金額を目標売上として立てる、これが１つ目の、正しい目標売上の立て方。ビジネスを始めたばかりの人は、この立て方で目標売上を立てるのが、まずは一番おススメです♪

２つ目の正しい目標売上の立て方は、過去の売上の伸び率から考えいきます。

例えば、今まで10万円、20万円の売上だったのに、いきなり今月１００万円達成します！　ってのは、目標が高すぎるというか、現実的ではないというか、もはやかつての私、ただの願望希望みたいな感じです。

とはいえ、売上コミットアカデミーでは、10万、20万から翌月月商１００万円達成し、その後も安定して１００万円達成し続けている人もたくさんいらっしゃいますが、それはちゃんと、そのための準備というか、戦略戦術を個別コンサルティングでマンツーマン指導したうえでやっているので、この目標売上で達成できるよという根拠でやっています。

まずは、今までの伸び率から考えて、まずは30万円達成していこうとか、ちょっと頑張ったら達成できるなという金額設定にするということが、おススメです。

ビジネスをもう始めていたり、ある程度やってきたけど、なかなか目標売上を達成できていない人は、この目標売上の立て方がいいと思います。

最後の３つ目は、こんな目標が実現できたらすごいなとか、最高に嬉しい！　とか、そういう金額で、目標売上を考えていく立て方。
ただこれは、いきなり今月とんでもない金額で目標売上を立てても、なかなか達成していくのは難しいと思います。中長期というか、３ヶ月後にはこの売上にしたいから、今月はまずこの目標売上を達成できるようにしようみたいな感じで、目標売上を立てていくといいかなと思います。

いずれにしても、立てた目標売上に対して、覚悟を持って、達成することにコミットしていくので、最初から達成することが難しそうな目標売上ではなく、ある程度、妥当というか、ちょっと頑張ったら達成できそうな、でも簡単には達成できない、達成できたら嬉しい。そんな目標売上にしていくことで、達成できた時の自信にもつながって、どんどん目標売上を上げても、ますます達成しやすくなっていきますよ♡

最短最速で結果を出すために集中すること

現状把握をして、何が一番うまくいっているか、また、どうしたら一番いい結果につながるか、ということがわかりましたよね。

最短最速で結果を出していくためには、このうまくいっていることに集中するということが、とっても大事になってきます。なぜうまくいっていることに集中するのかというと、うまくいっていることを、更にうまくいかせることは、そんなに難しくないからです。

そもそもがうまくいっていることなので、これをやるとうまくいく、というデータが取れているわけだし、もともとある程度得意だったり、苦労なくできたりする、強みの部分だから、更にうまくいかせやすいんです。

逆にうまくいってないことってあると思うんですが、それはそもそもうまくいきにくいことかもしれないし、苦手なことかもしれません。なので、そこをうまくいかせようとしても、なかなかうまくいきにくかったり、やっても、やっても結果につながりにくいことなのかもしれません。それって、結構心が折れますよね。

だから最短最速で結果を出すためには、このうまくいっていることに集中する、ということが、とーーーーっても大事なんですね。

例えば、ホームページからの集客が0だとして、Instagramからの集客ができていて、リピートもしてくれているし、お金もたくさん使ってくれているということがわかったなら、うまくいっていることは、Instagramなので、ここに集中しよう！ってことになります。そしてこの場合、うまくいっていないホームページはどうするのか、というと、しばらくそっと放置しておいて大丈夫です。

うまくいってないことをうまくいかせるためには、時間も労力もかかりやすいので、まず先にうまくいっていることを、更にうまくかせるように集中して、もうこれ以上うまくいかせようがないくらいうまくいってから、うまくいってないことを、うまくいかせるためにはどうしたらいいか、ということに取りかかるって感じです。

そうすると、うまくいってないことに取りかかる頃には、スキルも上がっているので、時間も労力もかからずできるし、ある程度、ゆとりある資金もできているかもしれないので、苦手なことを人にお願いする、ということもできるようになりますよ♡

ここまでをまとめると、過去の数字やデータ、また、他にうまくいっている人からの情報収集をし、現状を把握する。その次に、損益分岐点や過去の売上からの伸び率や中長期の目標売上から逆算した目標売上を立てる。

そして、その目標売上を達成していくために、現状把握から収集できた数字やデータ、情報などからわかったうまくいっていることを見極め、集中する。

こんな感じです。ここまでOKですか？

集客なしでも売上を上げる方法

売上を上げようと思ったら、新規集客だけではありません。

もちろん、これからスタートする人であったり、まだビジネスを始めたばかりとか、もしくは、まだお客さまがいない、少ない人は、新規集客をしていかないといけないけれど、既にお客さまがある程度いて、少ないながらも毎月売上・利益がある人は、売上を上げるためには、新規集客ではなく、既存のお客さまにもっと喜んでいただいて、売上を上げる方法も、考えていくといいですね。

これはなぜかというと、全く新しいお客さまより、既にあなたの商品・サービスを利用してくれているお客さまの方が、あなたとの信頼関係もできていますし、その既存客の方から、あなたの専門分野に関係することで、困っていることはないか、新たなご要望はないかなど、ヒアリングすることできるからです。

この新規集客なしでも、売上を上げる方法は、大きく分けて6つあります。

まず1つ目は、リピート率を上げる、ということです。

せっかく1回お客さまになっていただいたなら、末永く通っていただけたら嬉しいですよね。とはいえ、リピートする価値がなければ、お客さまはリピートしてくれません。

業種にもよりますが、1回商品・サービスを利用してくれた新規のお客さまが、2回目また利用してくれるリピート率は、20%、2回目利用してくれた人が、3回目利用してくれる確率は、80%といわれていて、ということはいかにこの2回目のリピート率を上げていくか、ここを増やせたら、かなり売上が上がるわけです。

２つ目は、利用してくれる期間を長く継続してもらえるようにする、ということです。

あっ、むやみやたらに、意味もなくダラダラと伸ばしたりしたらダメですよ！　信頼を失って、お客さまが離れます。

お客さまに商品・サービスを満足いただき、末永く継続してもらえるようにしていくことが大事。そんな商品やサービスを作るということも大事ですね。

３つ目は、客単価・ひと枠単価を上げる、ということです。

これも、ただ単に値上げをするということではなく、あなたの商品・サービスの価値が更に伝わるようにして、お客さまに価値を感じてもらい、満足度を上げ、それに見合った価格にするということです。

私も含め、私のところにご相談に来られるひとり起業家の多くの人たちは、不動産収入や、何かの権利をもって得られる権利収入、不労所得ではなく、自分の時間を使ってお仕事をしている労働収入の方です。

つまり時間の切り売りをしているわけなので、売上を上げるためには、この客単価・

ひと枠単価ってホントに重要です。

4つ目は、今提供している商品やサービス以外に、新しい商品やサービスを提供していくということです。

この時にポイントがあって、それは、今、商品やサービスを利用している既存のお客さまが求めているものであることが大事です。

間違ってもあなたが取り扱いたい、提供したい商品やサービスを前提に考えちゃダメですよ。既存のお客さまが求めているもので、あなたが取り扱いたい、提供したい商品やサービスにしていきましょう♪

5つ目は、利用頻度を上げていく、ということです。

今まで、月に1回利用してくれていたとするならば、月に2回、3回と利用してもらえるようにする。そうしたら、新規集客しなくても、1ヶ月の延べ客数は増えるので、売上が上がります。

とはいえ、これも必要がないのに、利用頻度を増やしてもらいたくて、じゃんじゃん営業をかけたりすると、当たり前だけど、お客さまに嫌がられますよ。

6つ目は、休眠客の方に、また通っていただけるようにする、ということです。

前はよく利用してくださっていたけれど、最近お顔を見ないなとか、ご利用いただいていないないなというお客さまがいらっしゃる場合は、どうしたらまた通っていただけるようになるかということを考えてみましょう。

全くの新規さんよりも、1回でもあなたの商品・サービスを利用したいと思って、利用してくれたお客さまです。なので、あなたとの信頼関係も、初めましての新規のお客さまより、築けているはずだから。

まとめると、既にお客さまがある程度いて、少ないながらも毎月売上・利益がある人が、最短最速で売上を上げるためには、新規集客だけにこだわらず、既存のお客さまにもっと喜んでいただき、売上を上げる方法も、考えていくといいですね。

最短最速で結果を出すための具体的な行動計画

最短最速で結果が出る効果的なプログラムを組み立てるために、いろいろと決めてきたわけですが、それを基に、次は具体的な行動計画を立てていきましょう。

具体的な行動計画を立てて、どう動いたらいいかを決めておくと、行動に無駄がないし、ブレないんです♡

逆にこの具体的な行動計画を立てられていないと、目標売上を設定し、集中することを決めたのに、よし！　頑張るぞ！　みたいなモチベーションだけになってしまいかねません。

そうなると、具体的にどう行動したらいいかわからないので、やがてモチベーションはダダ下がり。

いつの間にか、あの目標売上はどうなってしまったんだろう、あの計画は、どうでもよくなってしまった……みたいになってしまうことになります。

そんな苦い経験、ありませんか？

そんなことにならないように、具体的な手順や方法を、どうやって立てたらいいか、見ていきましょう。

まず、現状把握をして、集中することを決めたと思いますが、その集中することを達成するためには、具体的に何をするといいのか、ということを決めていきます。

例えば、Instagramからの集客がうまくいっていて、長く通ってくれているお客さまも多いから、Instagramからの新規集客を10人することと、その中の半分のお客さまに、リピートしてもらう、ということが集中することだったとしたら、それを達成するためには、どんなことをすると達成できるかを考えるということです。

毎日1投稿することや、ストーリーをアップすること、他にはどんなハッシュタグをつけたら効果的か調べる、また、前に集客できた投稿内容は、こういうことだったから、3日に1回は、同じような内容の投稿をするとか、同じようなことをしているあなたより売れている人をモデリングするとか、そういう具体的なことを決めていきます。

いつするのか、いつまでにするのかという日程も決めておきましょう。日程が決まってないと、どんどん後回しにしがちですもんね！

ポイントは、この行動計画を見ただけで、いつまでに、何をどう行動すればいいか、わかるようにしておくこと。

そして、あれもこれも意気込みすぎないこと。

あんまり意気込みすぎちゃうと、結局、あれもこれもできなかった……となってしまいかねないですから。

計画通りに結果につながる実践方法

ここまでいろんなことを決めて、計画書を作ってきました。行動レベルに落とし込んだ計画も、立てたことで、いつまでに、何をどう行動すればいいのかも、明確にできましたね。となると、あとはもう動くだけ。

とっととやれ！　です♡

どれだけ素晴らしい計画を立てても、実際に行動しなければ、結果は何も変わりません。あなたが目標とする売上も達成できないし、せっかくあなたが好きなことを活かして始めたビジネスにおいて、こうなりたい♡　と思っていることは、叶えることができないまま……。そんなの悲しすぎませんか？

あなたがたくさんのお客さまから喜んでいただき、目標売上も毎月達成できるようになるためには、計画書で決めたことを決めた通りに実践する。これしかないんです。

ここでの大事なポイントは、考えない！　ということです。考えずに、とにかく行動する。考えながら行動すると、迷いが出たり、また悩み始めて、計画がブレブレになります。なので、考えずに行動することに徹する！　これがホントにとっても大事。

そのためには、考えなくても行動できるくらい、現状把握から行動計画までをしっかり立てること。これができていないと、考えずに行動することができなくなります。

そうなると、考えながら行動することになり、ホントにできるんだろうか……みたいに迷いが出たり、やっぱり無理なんじゃないか……と悩み出したり。

ブレブレになって、結果、行動が止まってしまい、目標売上を達成できないことになりかねません。そしたら、計画は計画通りにはいかないですよね。計画倒れです。そんな経験、もうしたくないですよね。

とはいえ、計画通りやってみたけれど、思うような結果につながらなかった、目標売上は達成できなかったとなることもあるかもしれません。だからこそ、必要なのは、毎日の振り返りです。

次は、その振り返りについて、お伝えしていきますね。

仕組化するために大事なこと

毎日の振り返りをしていくと、いろんなことに気づくことができます。

いろんなことに気づけるようになると、どんどんよりよくなるように、改善することができるだけでなく、うまくいったことを再現仕組化できるようになります。

そうすると、効率もよくなるし、今よりも行動量が少なくても結果につながりやすくなります。そして、目標売上もどんどんアップデートできて、更にそれを叶えていくこともでき、よりたくさんのお客さまに喜んでいただいているという実感ができるように

なります♡

やっぱり、お客さまに喜んでいただけるって、とっても嬉しいですよね♪

毎日振り返りをする項目は、4つあります。

1つ目は、今日やったことは何か、ということです。一日どんな行動をしたか、振り返りをします。

例えば、既存客の方からのご紹介で、新規のお客さまの体験レッスンをした、みたいなことですね。それを、1つひとつ、書き出してみましょう。

2つ目は、うまくいったことは何か、そして、それはなぜうまくいったのか、ということです。今日一日やったことの中で、うまくいったこと、その理由を振り返ります。

例えば、既存客の方からのご紹介で、新規のお客さまの体験レッスンをしたという今日やったことの中で、こんな提案をしたら、リピートにつながったとか、お客さまが素直にご要望をお話していただけたとか。

そしてその理由として考えられるのが、お客さまへのヒアリングの仕方をマスターできたから、みたいに、うまくいった理由も振り返ることが大事です。

3つ目は、改善することは何か、ということです。更にうまくいくようにするためには、どこをどう改善したらいいか、ということを振り返って考えていきます。

ここで気を付けたいのが、ただの反省ではなく、改善ということです。これがいけなかった、これがダメだったで終わらせないこと。

例えば、時間がのびて、次のお客さまの予約時間になってしまい、最後に慌ただしくなってしまった、みたいなことだとすると、今週中に、改めてお客さま対応の流れや、配分を明確にしておく、みたいなことです。

最後4つ目は、この全体の振り返りをしていきます。

うまくいったことを、更にうまく生かせるようにするためにはどうしたらいいのか、また、改善するためには、具体的にどう改善する行動をするのか、ということを考えてみます。

例えば、ヒアリングがとっても重要だということがわかったのなら、更にそれをうまくいくようにするためには、どうしたらいいのか、また、時間配分を明確にすることが必要ということがわかったのなら、それをどうやって明確にするのかを考えるということです。そして、それをいつやるのか、いつまでにやるのかもセットで考えていきましょう。

そして、この振り返りで一番大事なのは、うまくいっていることにフォーカスするということです。これは、現状把握と同じですね。

うまくいっていることにフォーカスして、更にうまくいかせるためにはどうしたらいいかをベースに考えていけば、更にうまくいくに決まっているわけで、あなたのビジネスはどんどん加速して、あなたが目指している、たくさんのお客さまに喜んでいただき、目標売上・利益もじゃんじゃん上がっていくってことですね♪

さあ！　この計画書、いつまでに作りますか？　とっておきの実践編ワーク、一緒に作ってみましょ♡

いざ実践！　あなたが最短最速で結果を出すための計画書

♡あなたの現在の状況を書き出してみよう！

現在の毎月の売上はいくらですか？

既存客の方は何名いらっしゃいますか？

今まで一番長く続けてくださっているお客さまは、どんな人で、どんな悩みがありますか？

今まで一番お金を使ってくださっているお客さまは、どんな人で、どんな悩みがありますか？

そのお客さまたちは、どうやって集客しましたか？

♡正しい目標売上の立て方を参考に、あなたの目標売上を書き出してみよう♪

今月の目標売上

♡目標売上を達成するために何に集中するか決めていきましょう。
過去からの現状把握で、うまくいったことは何で、
何に集中していくと目標売上を達成できそうですか？

♡具体的な行動計画を立ててみよう！

何に集中して目標売上を達成するかが決まったら、そのための具体的な行動を、1つひとつ明確にしてみましょう。

第5章

私らしく目的・目標を叶えるために大事なこと

こうなったらいいな
こんな風にやっていきたい

ビジネスをはじめた頃、なりたい私っていうのがあって、
今は、その時思い描いていた、なりたい私のほとんどを
叶えることができています。

なりたい私は常にアップデートされていくから、
まだまだもっとこんな風にしたい！　っていうのは、
次から次へと出てくるけれど、

これからも、そのアップデートした
なりたい私を叶えるために

私だからできることを
私にもできるやり方で
私らしく

どんどん叶えていけたら素敵じゃない？
そんなことに共感してもらえる人たちと、
どんどんなりたい私を叶えていきたい♡

いかなる時もお客さまファースト

私が売上コミットアカデミーでも、常にお伝えしているのが、このお客さまファーストです。

お客さまファーストとは、いかなる時も、常にお客さまの立場になって考える、ってことなんだけど、お客さまの言いなりになることではなくて、ホントの意味でお客さまのためになることを考えてご提案したり、行動したりするってこと。

例えば、お客さまにお話を伺えば伺うほど、お悩みを解決したり、ご要望を叶えるためには、あなたの提供する商品やサービスを利用していただくことが一番いい！ めちゃおススメ！ ってことがわかったら、それをご提案して差し上げるってこと。

これは売り込んでいるわけでもなくて、あなたの商品・サービスが、お客さまの悩みの解決のため、ご要望を叶えることができるのなら、おススメして差し上げれば、お客さまの悩みの解決やご要望を叶えることができるわけだから、逆にこれをしなかったら、かなりの意地悪でしょ（笑）。

だって、悩みを解決できたり、ご要望を叶えられたりする方法を知っているのに、黙っておこう……って、それ、親切じゃないし、優しくないですよね。

逆にお話を伺えば伺うほど、うちの商品やサービスは、このお客さまの悩みの解決やご要望を叶えることができないじゃん……ってなったら、あなたの商品やサービスを売ったらダメですよ（笑）。

私がエステサロンをしていた頃のお話ですが、痩身エステだったので、痩せるための10週間のコースというものがあって、そのサービスを提供していました。

週2回通っていただくので、全部で20回通っていただき、20回のエステトリートメントを受けていただくので、それなりに高くなるわけです。

そうなると、高いから10週間のコースは契約できないけど、エステトリートメント自体は気に入ったので、月1回通いたいという風に言われるお客さまもいらっしゃいました。

でも結論から先にお伝えすると、そういうお客さまはお断りしていたんです。なぜなら、月に1回来ても痩せないから。

当然月に1回来ていただいたとしても、お代金をお支払いいただくわけなので、売上にはなりますよね。

でもこのお客さまは、痩せたいというご要望があって、月1回通っても痩せないのに、お金を支払うんです。

悩みも解決しないし、ご要望も叶わないのに、お代金を支払ってサービスを受けていただくことをおススメすることが、私にはできませんでした。

なので、本気で痩せたいのなら、10週間、週2回通っていただくコースがおススメなことをお伝えしたうえで、それでもどうしても費用的、時間的に通えないのなら、痩せないのに月1回通っていただくのは、結果も出せないのに、お代金をいただくことはできないのでお断りしていた、ということです。

この例は、お客さまファーストの一部です。お客さまファーストは、全てにおいてお客さまファーストということなので、いろんなシーンがあります。

常にいかなる場合もお客さまの立場になって考えるということが大前提なので、お客さまが一番望んでいることは何か、そのためにあなたが役に立てるとしたらどんなことか、ということを軸に考えます。

ホントにお客さまの悩みの解決やご要望を叶えるためには、高くても10週間のコースをおススメすることが、ホントの意味でお客さまファースト。

だってお客さまは、安い商品やサービスを提供してほしいと望んでいるわけではなく、悩みの解決やご要望が叶えることができる商品やサービスを望んでいるので、高くても、痩せるという結果の出るサービスを提供するのが、ホントのお客さまファーストですよね♡

お金のブロックの外し方

このお客さまファーストを実践するときに、邪魔をしてしまうのが、このお金のブロックです。お代金をいただくこと、お金を稼ぐことに対して、申し訳ないとか、よくないこと、みたいに思ってしまっている人、結構多くて、私のところに相談に来られる方の中にも、いらっしゃいます。

売上を上げたいと思いつつ、でも、それってお客さまからお金をいただくことだから、申し訳ないとか、たくさん売上を上げるためにはどうしたらいいかなんて考えている私って、お金の亡者なんじゃないかとかね（笑）。

こんな思い、身に覚えがある人は、お金のブロック、めちゃくちゃありますよ！
このお金のブロックがあると、残念ながら、どれだけ売上アップのノウハウを学んでも、なかなか売上アップという結果につながることは難しいです。
だとしたら、このお金のブロック、外したいですよね！

ではでは、お金のブロック、一緒に外していきましょう♪

まず、あなたの中で、売上って何でしょう。考えたことありますか？
いつも売上コミットアカデミーの受講生には、売上とは、お客さまからのありがとうの対価ですよ、とお伝えしています。

お客さまが、あなたの商品やサービスを気に入ってくださって、欲しい、やりたいとなった結果、その対価として、お代金をお支払いくださいます。それが売上ですよね。つまり、売上とは、お客さまからのありがとうの対価なわけです。ということは、売上がたくさんあるということは、たくさんのお客さまから、ありがとうと言っていただけている、ということですよね。

そして、売上を上げるためにはどうしたらいいかと考えたり、行動したりすることは、よりたくさんのお客さまに、ありがとうと喜んでいただくためには、どうしたらいいか、ということを考えたり、行動したりするということなので、これってすごくいいことだと私は思うんです♡

お客さまにありがとうと喜んでいただくためには、お客さまが求めているものが手に入ることが大事。そして、そのためのいい商品やサービスを提供することが大事ですよね。

お客さまが求めるものが手に入るいい商品やサービスなら、価値があるので、それに見合った価格でも、お客さまは納得して商品やサービスを欲しい！　やりたい！　と言って購入・契約いただき、ありがとうと喜んでいただける、ということです。

こう考えると、売上を上げたり、しっかり稼ぐことは何ら悪いことではなく、むしろたくさんのお客さまに、ありがとうと言っていただけているということなので、めちゃくちゃいいことで、お金のブロックってなんだったっけ？　ってなりませんか？（笑）。

失敗はデータ収集

なるほど。よし！　やってみよう♪　そう思う気持ちもあるけれど、一歩を踏み出すのって、ちょっと怖かったりしますよね。私だって一歩を踏み出したその時は、ホントにめちゃくちゃ不安だったし、怖かったのを今でも忘れることはないけれど、今言えることは、ホントに一歩を踏み出してよかったってこと。

だってあの時の一歩がなかったら、今この環境は絶対ないし、何より変わったのは、私の思考やマインド、メンタルといった目に見えないものだけれど、これが変わったことで、これから何かにチャレンジする時も、一歩を踏み出すことができていくと思うから。

とはいえ、もちろん私もいっぱい失敗してきました。結構痛い失敗も数知れずです(笑)。

そうなんです、失敗はするんです、普通にみんな。普通なんですよ！ なのに失敗したくないって思いますよね。それも普通なんです。では失敗って何でしょうか。

失敗って基本ないと思うんだけど、私が思う失敗というのをしいて言うなら、何にもしないことかなと。ホントは踏み出したい一歩があるのに、踏み出さずに何にもしないこと、これこそが失敗というか、もったいないなと思うんです。何にもしないから、失敗というか、うまくいかないこともないんだけど、でもうまくいくこともないわけで、踏み出して手に入れたかったものは、手に入れることはできないですもんね。

でも、一歩を踏み出さないことがいけないわけじゃなくて、要は、一歩を踏み出すことで、手に入れたい何かがあって、それをホントに手に入れたいと思うなら、うまくいかないことを恐れて踏み出さないより、踏み出してみればいいかなと思うんです。

いいじゃないですか、うまくいかなかったとしても。それはこうやるとうまくいかないというデータ収集であって、もうあなたは絶対うまくいかないと決まったわけではないんだから。

うまくいかないデータ収集を重ねていけば、消去法でうまくいくやり方もそのうち見つかるよねって、そう思ったら、早く、たくさん失敗したら、その分早くうまくいくやり方もわかるわけだから、うまくいかないことも、ちょっとは怖くなくなりませんか？

そう思えば、一歩を踏み出せそうですよね♡

自分の未来を決める

どれだけうまくいかないことがあっても、うまくいくまで諦めなければ、必ず最後はうまくいく。

知り合いに大きな会社を経営されている社長さんがお話してくれたことなんですが、その社長さんはよく人から、成功する秘訣を教えてほしいとか、やり方を教えてほしいとか言われるそうです。「もちろん惜しみなく俺は教えるけれど、一番大事なことは、うまくいくまで諦めなければ、うまくいかなかったって言うことは、途中経過にしか過ぎなくて、必ず最後はうまくいく」とのことでした。

ちなみにこの社長さん、今の成功に至るまでに、19個会社をつぶされたそうです。20

個めの会社がうまくいって、成功することができたそうなんですが、俺は、成功するって決めていたからね、成功するまで諦めるっていう思考は全くなくて、俺は成功するに決まっているから、としか思ってなかった、とおっしゃっていました。

これ、どういうことかというと、ただの思いこみや自信過剰とかではなくて、とにかくうまくいくためにはどうしたらいいかを考えて、行動し続けたってことなんです。決めるってことはそういうこと。うまくいかないことなんて、考えないし、例えうまくいかないことがあっても、それは途中経過にしか過ぎないから、次うまくいかせるためにはどうしたらいいか、だけを考えて行動するってことです。

モチベーションは上下して当たり前

行動していく中で、気持ちが乗らなかったり、やる気が起きなかったり、いわゆるモチベーションが下がってしまうことってありませんか？

モチベーションが下がってしまって、行動ができませんでしたとか、モチベーションが保てません、って相談もいただきますが、そもそもモチベーションで行動してはいけないですよとお伝えしています。

だって、モチベーションって、そもそも上がり下がりするものだから。気持ちが乗らなかったり、やる気が起きないことなんて、誰でもありますよね。

モチベーションで行動していたら、上がっている時には行動して、下がっている時には、行動を止めてしまっていたら、欲しい結果は手に入らないので、ホントに手に入れたい結果があるならば、モチベーションで行動するということをやめた方がいいです。

大事なのは、モチベーションに左右されない、タフなメンタルを持つこと。

じゃあ、モチベーションに左右されないためにはどうしたらいいのかって話ですよね。

それは、行動することと決めたことを、特別なことではなく「当たり前」にするということです。

例えば、朝起きたら、または寝る前に歯を磨く、という行動は「当たり前」なこととして日常になっているので、モチベーションが低いから、今日は歯を磨けなかったということにはなりませんよね。

つまり、あなたが結果を出すために行動することを「当たり前」にしていくということです。歯を磨く、服を着る、ご飯を食べるという当たり前の行動と同じように。

もちろん最初は当たり前に行動できないと思うけれど、淡々とやり続けていくことで、当たり前になっていきますよ♡

うまくいかないことが起きた時はどうしたらいいか

覚悟を決めて、行動をしだすようになると、嬉しい結果も出てくるけれど、それと同時に、辛いことや落ち込むことも増えてきます。

これって、当然なんですよね。よく考えてみてください。行動の量が増えたのだから、うまくいくことも、うまくいかないことも、一緒に増えます。行動したこと全部がうまくいくってことは、最初はたぶんない（笑）。大体の人はそんなもんです♡

それは理解はできるけれど、でもうまくいかないことが起きたり、続いたりすると、どう？

凹んだり、落ち込んだり、悲しくなって涙が出ちゃったり、もう私にはできないんじゃないか、やっぱり向いていないんじゃないか……。

なーーーーんて思っちゃって、辛くなったりすること、ありますよね。ちなみに私はありありでした（笑）。たぶん今までで1万回くらい、思っています。

そんな落ち込むことの常習犯だった私が、これから落ち込むことがあるであろうあなたにお伝えできる、とっておきのマインドセットがあるので、ぜひ心して聞いていただけたら。これが理解できると、うまくいかないことで落ち込むことが少なくなるし、もはや、ありがとうとすら言えるようになりますよ！

突然ですが、飛行機って空を飛びますよね？　そして、その空飛ぶ飛行機に、乗られたことある人はわかると思うけれど、いきなり、離陸しないじゃないですか。この飛行機が空を飛ぶことが、ビジネスのマインドセットにおいて、すごく勉強になるんですよ♡

では、飛行機に乗っている疑似体験をしていただくために、今から頭の中で、一緒に飛行機に乗ってみましょう♪

飛行機って、乗客が全員揃って、時間になると、ゆっくりとゆっくりと滑走路に向かいますよね。まだ飛んでないし、普通に車で移動しているようなものです。

滑走路に到着して、シートベルトをしてくださいとアナウンスが流れますよね。それから、シートベルトは、外していいというまで外したらダメですよと注意があります。

乗客のシートベルト装着を確認したら、飛行機は滑走路を猛烈に走り出します。すごい本気を出して！　ガーーーーって、すごいスピードで走ります。この滑走路を走っている時が一番、燃料を使っているんですって。まだ飛んでもないのに。

当然すごいスピードで走っているので、向かい風が起きますよね？　あなたが自転車で猛烈に走ると、髪がボーボーになるくらい、風を受けるけれど、飛行機はそれ以上の向かい風を受けるわけです。向かい風ってすごい抵抗じゃないですか。風を正面から受けているわけですからね。

でも、この向かい風があるから、飛べるんですって、飛行機って。むしろ、この向かい風を受けるために走っているんです、猛烈に滑走路を。すごくない？　飛行機って。あえて向かい風を受けるためにって……。

向かい風を受けて、あの重い機体が浮いて、飛び立つことができた瞬間が、離陸の時。私はこの離陸の瞬間が大好きで、飛行機に乗るといつも、おっしゃーーー！！！　飛んだ！　イエーーーーイ♪　みたいになります（笑）。

だって、あんなに必死に滑走路を走っているのを知っているから、飛べた瞬間、飛行機、よくやった！　頑張ったね～（涙）みたいに感激しちゃうの。


でもね、この離陸した直後ってのが、一番事故になりやすいんですって。だから一番気を抜けない瞬間なわけ。なので、まだシートベルトも外したらダメなんです。離陸した後って、徐々に上空を目指すとかないじゃないですか。一気に上空に向かうわけです。

飛行機に搭乗していると、上空に向かっているときに、機体が斜め上向きに傾いているのがわかりますよね。

そして、上空まで行くと、パイロットの方たちも、安全確認を目視しながら、自動操縦で一安心になるそうです。


これ、ビジネスと全く同じで、ビジネスを始めた頃ってのが、搭乗して滑走路に移動してる状態だとするなら、結果を出したい！　と決めた瞬間が、滑走路に到着した時と

一緒で、本気で行動し始めた瞬間が、滑走路をガーーーーッと走り出した瞬間なんです♡

滑走路を走り出すと、向かい風が起きるのと同じで、本気で行動しだしたあなたには、うまくいかないことが起きたり、あなたを心配して、そんなことうまくいかないからやめた方がいい、と人から言われることがあったり、とにかくいろんな向かい風が起きます。

でも思い出して。飛行機は、向かい風があるから、飛べるんでしたよね。なので、あなたも、この向かい風、つまり逆風があるからこそ、飛べるんです。結果が出せるんです！

ってことはですよ、逆風よ、ありがとう♡　なわけなんです♪　落ち込んでいる場合じゃないってこと！

滑走路を走っているときは、一番燃料を使うのと一緒で、頑張ろうと行動しはじめの頃っていうのが、一番エネルギーを使います。

やることが山積みに感じてしまったり、やりすぎてエネルギー切れになってしまったりして、疲れちゃったり。

でもね、最初だけなんです。あなたが飛ぶことができたら、そんなにエネルギーを使わなくても、上空を自動操縦で飛んでいられるんです。その上空に行くまでの間、事故も多いので、飛べたからといって、気を抜かずに続けると、あとは、そこまでエネルギーを使うことなく、それでも売上・利益を上げて、ビジネスを発展・拡大していくことができるようになりますよ♡

結果を出すために一番大切なマインドセット

♡あなたのビジネスにおける、お客さまファーストとは、どんなこと？

例
お客さまの悩みやご要望を伺ったうえで、本気で売上・利益を上げたいなら、その方法を学んだ方がいいことをお伝えする。
学ぶためには費用もかかるけれど、結果、その方が早く売上・利益が上がるので、安くなるということを理解いただけるよう、お伝えする。

♡あなたはどんなお金のブロックがありますか？

例

高いと言われると、怖い。

高額のサービスをおススメすることを、申し訳ないと思ってしまう。

♡あなたのサービスを受けると、お客さんはどんな嬉しいことがありますか？

例
売上が上がる。
集客できるようになる。
リフトアップして、若返る。
苦手な英語が、うまく話せるようになる。

♡お客さまにとって、あなたのサービスで悩みが解決されたり、要望が叶えられたりするという価値を、お金に換算すると、いくらくらいになりますか？

例

月商が今より100万円上がれば、年間1000万円以上上がるので、1000万円の価値がある。

リフトアップを美容整形ですると、50万円かかるけれど、私のエステなら、リスクなくできるので、50万円以上の価値がある。

♡あなたが手に入れたい未来を具体的に書き出してみよう♪

例

売上・利益を毎月100万円

集客を仕組化する

既存客を100人にする

毎月海外旅行に行くことができるお金と時間のゆとり

♡あなたが当たり前にしたい行動と、それによって得られるものは何でしょう。

例

アメブロを毎日投稿。閲覧数が増え、認知度が上がり、集客がしやすくなる。

やることを後回しにしない。やることを早めにやることで、やれていないという状態がなくなるので、結果につながりやすくなる。

♡あなたの３ヶ月後を決めてみよう♪

例
アメブロから集客した人から契約をいただき、月商１００万円達成する。
集客の仕組みを作り、安定した集客ができるようになっている。

♡そのためにできる行動を1つひとつ書き出してみよう♪

例

集客・売上の上げ方を学ぶ。

集客導線を整える。

お客さまのニーズを洗い出す。

最終章

一歩を踏み出す人へ、私からのメッセージ

あなたが叶えたいことは
必ず叶えることができる

必要なのは、そのための勇気と覚悟だけ。

その勇気と覚悟の準備はできましたか？

その勇気と覚悟を持って、進み出したなら、
もうその先は、あなたが叶えたい未来しかありません。

叶えたいことが叶う『つづ語録』

最近の風潮で、頑張らない生き方とか、頑張ることはよくないみたいな表現ってあると思うんですけど、私、頑張ることが大好きなんですよね（笑）。

私の中の頑張ることって、無理をすることでも、我慢をすることでもなく、叶えたいことに向かって、全力で近づいていくことだと思っているので、めちゃくちゃワクワクするし、そのためにできることはやりたい！　って、そう思っているので、頑張ることが大好き♡

とはいえ、楽しく頑張ってきた私も、時には落ち込んだり、凹んだり、辛くなることも山のようにありました。

そんな私から、これから頑張りたい人たち、今頑張っている人たちへ、届けたいメッセージ『つづ語録』。

辛いことに遭遇してしまったとき、少しでもこの『つづ語録』が、辛さを乗り越え、その先にある、素晴らしい未来を実現させるためのお役に立てたら、ホントに嬉しい。

◈自分がどうなりたいかを決められるのは、自分だけ

◈行動を変えると結果が変わる　行動を止めなければ、結果は出る

◈努力は誰にでもできる平等に与えられた才能

◈時間がないと言いつつ、やるべきことをやらずに、やらなくていいことをやっ

ていたりする

◈頑張ることは、無理や我慢をすることではなく、叶えたいことに向かって、全力で近づくこと

◈こうなったらやるのではなく、こうなるためにやる

◈どんな便利なツールも、どう使うかがわからなければ役に立たないし、どう使うかがわかっても、使わなければ役に立たない

◈本気で取り組んでいる人のことは、応援したくなるもの

◈今は過去からできていて、未来は今からできていく

◈失敗はチャレンジした証拠

◈つまずいたり、傷ついたり、でもそんなときに、実は扉が開くもの

◈チャレンジは得るものはあっても、失うものはない

◈逆風が吹くのは、前に進んでいる証拠

◈やりたいことをやるためには、時にはその手前にある、やりたくないこともしっかりやる

◈やりがいとは、与えられるものではなく、見つけるもの

◈できない理由を探すより、できる方法を考える

◈ビジネスとはお客さまの役に立つこと

◈行動を変えると思考が変わる　思考が変わると結果が変わる

おわりに

この本を手に取って、最後までお読みくださいまして、本当にありがとうございました。

なんの取り柄も自信もない私が、起業して、こうなりたい！　を叶えるために実践してきたことやマインドなどをこの1冊に詰めこみました。

この数年は、ホントによく頑張ってきたなと、我ながら思います。

私の中で頑張るというのは、叶えたいことを叶えるために、全力で近づくことなので、頑張ることが大好きだし、ホントにワクワクします♪

もちろん、辛いこともあったけれど、思い返すとすごく懐かしく、すごく大切で、そして諦めなくてホントによかったなと、つくづく思うんです。

今あるのは、間違いなく、その頑張りのおかげ。

私が起業した最初、今の私は想像もしていませんでした。最初から、ずーーーっと先の目標なんて、決められないというか思いつかないというか、想像もできませんよね。私もそうでした。

目の前の、こうなったらいいな、こんなふうにしたいなを、1つひとつ叶えていくと、どんどんこうなりたい、こんな風にしたいはアップデートされて、諦めなければ、それは絶対に叶うんです。

私だからできることを

私にもできるやり方で私らしく

ホントに叶えたいことなら、できないことにフォーカスするんじゃなくて、できるやり方を見つけていく。

そうすれば、叶えたいことは必ず叶えられるから。


1つ叶ったら、また次に叶えたいことが出てきちゃうから、もうね、エンドレス（笑）。

だから楽しい♡

収入も、人としての器も、どんどんアップデートされたあなたの人生は、今のあなたの行動のその先につながっています。

私もまだまだアップデート中♡

【本を購入してくださった方限定特典】

ご購入者専用公式LINEアカウントにご登録いただき、限定Zoomセミナーやグループコンサルティングのご招待特典をお受け取りください♡

セミナー日程やその他詳細は、ご登録いただいた公式LINEにてご案内いたします♪

普段、売上コミットアカデミーでしか受けられない、とみたつづみの限定セミナーやグループコンサルティングが受けられます。

そしてさらにさらに、30分の無料個別セッションが受けられる特典もご用意しています！

こちらからご登録ください。

《ご購入者専用公式LINE》
@641bjwgn
https://lin.ee/SyIHFCY

【とみたつづみのYouTube】
とみたつづみ　YouTube　で検索！
https://www.youtube.com/channel/UCHuSELHgkrHSCQ-rDuDjbhw/featured

とみたつづみ

株式会社つづみプロジェクト　代表取締役
売上コミットアカデミー（UCA）主宰

[3ヶ月で月商100万円達成する専門家]
として、たくさんの受講生を抱える人気経営塾の代表を務めるコンサルタント。

たくさんの受講生が数ヶ月で月商100～400万円を超える結果を毎月安定して出し続けることができる、誰にもわかりやすい、再現性の高いカリキュラムが好評。

得意な料理をもてなしていたことがきっかけで、お友達からの依頼で始めた料理教室を経て、42歳で料理家として起業。
人気テレビ番組の料理コーナー監修・飲食店のメニュープロデュースなどを手掛ける。

料理家として起業し、仕事をしていく中で、多くの女性起業家から、売上、経営の相談を受けるようになったことで、コンサルタントに転身を決意！

実績作りのひとつとして、エステサロンを経営。
月商100万円以上を毎月達成。

自ら出してきた実績を基に、売上コミットアカデミーをスタート。
Zoomというインターネットを利用したテレビ電話システムで、国内だけにとどまらず、海外にも受講生を抱える人気の経営塾を主宰、たくさんの起業家の売上アップにコミットし続けている。

0円《えん》集客《しゅうきゃく》で売上《うりあげ》1億円《おくえん》

ぶっちぎりで成功《せいこう》したいひとり起業家《きぎょうか》の教科書《きょうかしょ》

2020年9月21日　初版第1刷

著　者　とみたつづみ
発行人　松崎義行
発　行　みらいパブリッシング
〒166-0003 東京都杉並区高円寺南4-26-12 福丸ビル6F
TEL 03-5913-8611　FAX 03-5913-8011
HP https://miraipub.jp　MAIL info@miraipub.jp
企　画　田中英子
編　集　みらいパブリッシング　編集部
ブックデザイン　洪十六
発　売　星雲社（共同出版社・流通責任出版社）
〒112-0005 東京都文京区水道1-3-30
TEL 03-3868-3275　FAX 03-3868-6588
印刷・製本　上野印刷所

ISBN978-4-434-28000-9 C0034